LECTURES

EUGÉNIE GRANDET

HONORÉ DE BALZAC

Adapté en français facile
par Elyette Roussel

Honoré de Balzac naît à Tours en 1799. Il commence des études de droit et se passionne pour la philosophie. Avec l'accord de sa famille, il abandonne ses études pour se consacrer à la littérature. Il publie quelques romans d'aventures, mais il a peu de succès. Il se lance dans les affaires, devient libraire, achète une imprimerie et perd beaucoup d'argent.

Il recommence alors à écrire, cette fois avec beaucoup de succès. Il travaille dix-huit heures par jour et, en vingt ans, il publie environ 90 romans qui composent *La Comédie humaine*, 30 contes et 5 pièces de théâtre.

En 1850, Balzac, devenu riche, épouse Madame Hanska, une admiratrice polonaise. Il meurt à Paris quelques mois plus tard, à l'âge de 51 ans.

***

La Comédie humaine est le titre général donné en 1841 par Balzac aux romans qu'il écrit entre 1830 et 1850. Ses romans sont un tableau de la société bourgeoise de son époque et il décrit un monde qui ne vit que pour l'argent.

Les romans de *La Comédie humaine* décrivent la vie de personnages qui appartiennent à six « sociétés » différentes. Étant donné le nombre élevé de romans qui forment *La Comédie humaine*, il est impossible de les citer tous. En voici quelques-uns, présentés dans leur « société » :

– La vie privée : *La Femme de trente ans, Le Colonel Chabert*…

– La vie de province : *Eugénie Grandet, Le Lys dans la vallée, Les Illusions perdues*…

– La vie parisienne : *Le Père Goriot, La Cousine Bette*…

– La vie politique : *Une Ténébreuse Affaire*…

– La vie militaire : *Les Chouans*…

– La vie de campagne : *Le Médecin de campagne, Le Curé de village*…

Les mots ou expressions suivis d'un astérisque* sont expliqués dans le Vocabulaire, page 61.

*E*N 1789, monsieur Grandet, encore nommé le père Grandet, était un petit commerçant de Saumur[1] qui vivait bien, savait lire, écrire et compter. Lorsque la République française avait mis en vente les biens de l'Église, il avait acheté très bon marché les plus beaux vignobles[2] de la région et des terres. À la même époque, il avait épousé la fille d'un riche marchand.

En 1806, monsieur Grandet avait cinquante-sept ans, et sa femme environ trente-six. Leur unique fille, Eugénie, avait dix ans. Cette année-là, monsieur Grandet avait hérité des parents de sa femme et s'était retrouvé à la tête d'une fortune dont l'importance n'était connue que de deux personnes : l'une était monsieur Cruchot, le notaire qui s'occupait de ses placements[3]; l'autre, monsieur des Grassins, le plus riche banquier de Saumur.

---

1. Saumur : ville française située au bord de la Loire.
2. Vignoble : terres plantées de vignes.
3. Placement : fait de mettre de l'argent dans une banque.

Monsieur Grandet vivait dans une maison froide et silencieuse, située en haut d'une rue étroite dans laquelle il ne passait jamais personne. Il ne dépensait pas beaucoup d'argent pour vivre. Ses fermiers[1] lui donnaient la viande, les fruits et les légumes. Et la grande Nanon, son unique servante, faisait elle-même le pain.

Monsieur Grandet ne disait jamais ni oui ni non. Quatre phrases lui servaient à résoudre[2] toutes les difficultés de la vie et du commerce : « je ne sais pas, je ne peux pas, je ne veux pas, nous verrons ». Il n'allait jamais chez personne et ne voulait pas recevoir chez lui. Physiquement, c'était un homme fort avec un air calme et des cheveux gris, toujours habillé de la même manière.

Quelques habitants seulement avaient le droit de venir dans cette maison. Le plus important était le neveu de monsieur Cruchot et il était président au tribunal de Saumur. Il avait trente-trois ans et il était le seul héritier de son oncle le notaire. Madame des Grassins, mère d'un fils de vingt-trois ans, venait souvent car elle espérait marier son cher Adolphe avec mademoiselle Eugénie.

Au rez-de-chaussée de la maison se trouvait

1. Fermier : personne qui travaille une terre.
2. Résoudre : trouver une solution.

Le père Grandet, un riche commerçant de Saumur.

la pièce la plus importante. Madame Grandet et Eugénie s'occupaient du linge de la maison. Du mois d'avril jusqu'au mois de novembre, elles travaillaient toute la journée près de la fenêtre. Puis, en hiver, elles s'installaient près de la cheminée ; en novembre, Grandet permettait d'allumer le feu de la cheminée et il le faisait éteindre le trente et un mars. Nanon travaillait toute la journée : elle faisait la cuisine, elle allait laver le linge à la Loire[1], le rapportait sur ses épaules... Grandet l'aimait comme on aime un chien.

Nanon, l'unique servante de la famille Grandet.

---

1. La Loire : fleuve français.

*U*N SOIR de novembre 1819, la grande Nanon allume le feu pour la première fois. C'est un jour important pour les Grandet car c'est l'anniversaire de mademoiselle Eugénie.

Le matin, monsieur Grandet a souhaité un bon anniversaire à sa fille, et il lui a offert une pièce d'or. Depuis treize ans, toutes les années, pour son anniversaire, il lui offre une pièce d'or. Eugénie garde ces pièces comme un trésor, et elle les regarde et les compte souvent avec son père.

Madame Grandet est une femme maigre et lente. Ses dents sont noires et rares, sa bouche ridée. C'est une excellente femme et elle a bon cœur. Elle porte toute l'année la même robe verdâtre[1] et un tablier noir, car son mari ne lui donne pas beaucoup d'argent pour ses dépenses.

Ce soir-là, les Cruchot et les des Grassins sont invités chez les Grandet et, comme toutes les années, les Cruchot arrivent les premiers.

Le président offre un gros bouquet de fleurs

---

1. Verdâtre : d'un vert un peu sale et vieux.

à Eugénie et, profitant de l'obscurité, l'embrasse des deux côtés du cou. Son oncle l'embrasse sur les deux joues.

Peu après, les des Grassins arrivent.

– Mademoiselle, dit monsieur des Grassins à Eugénie, vous êtes toujours belle et sage, je ne sais en vérité ce que l'on peut vous souhaiter.

Madame des Grassins embrasse Eugénie très affectueusement et lui dit :

– Adolphe va vous donner un petit souvenir.

Un grand jeune homme blond et pâle s'avance alors vers Eugénie, l'embrasse sur les deux joues et lui offre une boîte à ouvrage[1] dont tous les objets sont en vermeil[2].

En l'ouvrant, Eugénie rougit de plaisir et tourne les yeux vers son père, comme pour savoir si elle peut accepter ce cadeau.

Madame des Grassins est toute joyeuse de la joie qu'elle a causée à Eugénie et elle essaie de donner de l'importance à son fils.

– C'est Adolphe qui a rapporté cette boîte à ouvrage de Paris, et c'est lui qui l'a choisie.

Monsieur Grandet regarde ses invités et se dit intérieurement : « Ils sont là pour mon argent. Ils viennent s'ennuyer ici pour ma fille. Mais ma fille ne sera ni pour les uns, ni pour les autres. »

---

1. Boîte à ouvrage : boîte qui contient tout ce qui sert à faire de la couture.
2. Vermeil : métal (argent doré).

Eugénie Grandet à sa fenêtre.

Tout le monde s'assoit en cercle devant le feu pour jouer au loto[1]. Un coup frappé à la porte les fait tous sursauter.

---

1. Loto : jeu de société.

Monsieur Grandet ouvre la porte et se trouve face à un jeune homme : c'est son neveu Charles, le fils de monsieur Grandet de Paris.

Charles Grandet est un beau jeune homme de vingt-deux ans, habillé à la dernière mode de Paris. Quelques jours avant cette soirée, son père lui a dit d'aller passer quelques semaines chez son frère de Saumur.

Les des Grassins et les Cruchot le regardent avec curiosité tout en continuant à jouer au loto.

Eugénie, ravie par les manières et les gestes de Charles, sent naître en elle un sentiment nouveau. Elle quitte la salle pour aller aider sa mère et Nanon à préparer la chambre pour Charles. Elle veut s'occuper de son cousin, lui préparer une chambre élégante et accueillante. Elle arrive à convaincre sa mère de faire allumer du feu dans la cheminée de la chambre.

Le père Grandet lit une longue lettre que lui a donnée son neveu, et il semble préoccupé. Voici ce que dit la lettre :

« Mon frère, voici bientôt vingt-trois ans que nous ne nous voyons pas et je ne pouvais pas prévoir que tu serais un jour le seul soutien[1] de la famille. Quand tu liras cette lettre, je n'existerai plus, car je ne veux pas

---

1. Soutien : aide.

survivre à la honte d'une faillite[1]. J'ai la douleur de devoir presque quatre millions, et dans trois jours, Paris dira : "Monsieur Grandet était un voleur." Mon fils ne sait rien de cela. Écoute, Grandet, je ne suis pas venu t'implorer[2] pour moi, mais pour mon fils. Je te le confie en mourant. Tu lui apprendras et ma mort et la vie qui l'attend. Sois un père pour lui, un bon père. Dis-lui les dures conditions de vie qui l'attendent, mais dis-lui aussi que tout n'est pas perdu. Le travail peut lui rendre la fortune. Envoie-le aux Indes ! Charles est un jeune homme honnête et courageux. Fais-lui une pacotille[3] et prête-lui un peu d'argent. Il te le rendra lorsqu'il aura fait fortune. Adieu, mon frère. Il y aura toujours une voix qui priera pour toi dans le monde où nous devons aller tous un jour, et où je suis déjà. »

Victor-Ange-Guillaume GRANDET.

Le père Grandet plie la lettre et la garde dans sa poche.

---

1. Faillite : situation d'un commerçant qui ne paye plus les personnes à qui il doit de l'argent.
2. Implorer : supplier.
3. Pacotille : ensemble de petits objets achetés pour être vendus dans des pays lointains.

– La chambre de mon neveu est-elle prête ? demande-t-il à Eugénie.

– Oui, mon père.

– Hé ! bien, mon neveu, si vous êtes fatigué, Nanon va vous conduire à votre chambre.

– Grandet, dit le banquier, vous désirez sûrement parler avec votre neveu. Nous vous souhaitons le bonsoir.

À ces mots, les invités se lèvent et partent ensemble.

– Il est clair, dit le président, de sa grosse voix, que monsieur Grandet de Paris envoie son fils à Saumur pour le marier à Eugénie.

Les quatre Grandet se retrouvent seuls. Monsieur Grandet dit à son neveu :

– Il faut se coucher. Nous parlerons demain. Ici, nous déjeunons à huit heures. À midi, nous mangeons un fruit, un peu de pain et nous buvons un verre de vin blanc ; puis nous dînons, comme à Paris, à cinq heures.

– Ma chère tante, je vous souhaite une bonne nuit ; et à vous aussi, ma jeune cousine.

Grandet accompagne son neveu jusqu'à sa chambre, qui est au second étage.

– Vous voilà chez vous, mon neveu, dit-il à Charles en ouvrant la porte de sa chambre ; appelez Nanon si vous avez besoin de quelque chose. Dormez bien. Ha ! Ha ! ces dames ont fait du feu dans la cheminée !…

*L*E LENDEMAIN MATIN, Eugénie, comme toutes les jeunes filles de province, se lève de bonne heure, fait sa prière et sa toilette. Elle se lave les mains à l'eau froide et, en les voyant si rouges et si rugueuses[1], elle se demande ce que fait son cousin pour les avoir si blanches et si douces. Sa toilette terminée, elle entend sonner l'horloge de l'église et compte sept heures. Il est très tôt et elle s'assoit devant la fenêtre. Elle pense à son cousin, se lève brusquement pour se regarder dans son miroir... Eugénie a une tête énorme et ronde, le front masculin, des yeux gris et un nez un peu gros.

– Je suis trop laide, il ne fera pas attention à moi, se dit-elle.

Puis elle ouvre la porte de sa chambre et écoute les bruits de la maison. Nanon est déjà levée.

– Nanon, ma bonne Nanon, fais-nous de la galette[2], lui demande Eugénie.

– Et qui me donnera du bois pour le four, et

---

1. Rugueux : qui n'est pas doux.
2. Galette : gâteau plat.

de la farine, et du beurre ? demande Nanon. Vous savez bien que tout est fermé à clé dans cette maison et que seul votre père peut ouvrir. Demandez-lui tout cela, il peut vous le donner. Tenez, le voilà qui descend…

Eugénie se sauve dans le jardin en entendant descendre son père.

Tous les matins, Grandet descend pour donner à Nanon les aliments nécessaires à la préparation des repas de la journée.

Grandet prend un gros pain rond et commence à le couper.

– Coupez un morceau de plus car nous sommes cinq aujourd'hui, monsieur, lui dit Nanon.

– C'est vrai, répond Grandet, mais ces jeunes gens de Paris ne mangent pas beaucoup de pain, tu verras. Tiens, voilà les morceaux de sucre.

– Mais monsieur, vous me donnez six morceaux, il m'en faut huit. Et donnez-moi aussi de la farine et du beurre, je ferai une galette aux enfants.

– Nanon, je ne t'ai jamais vue comme ça. Tu veux donc me ruiner à cause de mon neveu. Tu n'auras que six morceaux. Et pas de galette !

– Eh bien ! comment est-ce que votre neveu sucrera son café ?

Eugénie se regarde dans son miroir.

– Avec deux morceaux. Moi je ne prendrai pas de sucre.

– Vous ne prendrez pas de sucre, à votre âge ?

– Occupe-toi de ce qui te regarde !

Nanon abandonne la question du sucre pour obtenir la galette.

– Mademoiselle, crie-t-elle par la fenêtre, est-ce que vous voulez de la galette ?

– Non, non, répond Eugénie.

– Allons, Nanon, dit Grandet, en entendant la voix de sa fille, tiens, voilà une mesure de farine et un peu de beurre.

– Mademoiselle, crie Nanon, nous aurons une galette.

Le père Grandet regarde l'heure, prend son chapeau, va embrasser sa fille et lui dit :

– Veux-tu te promener au bord de la Loire avec moi ? J'ai quelque chose à faire sur mes terres.

Eugénie met son chapeau et part avec son père. Dans la rue qui mène à la place, ils rencontrent monsieur Cruchot, le notaire. Ils se promènent ensemble et les deux hommes parlent de leurs affaires. Eugénie admire le paysage sans vraiment écouter ce qu'ils disent. Mais soudain elle entend Cruchot dire :

– Hé bien ! vous avez fait venir un gendre de

Paris, on ne parle que de votre neveu dans tout Saumur…

– Pour vous dire la vérité, j'aimerais mieux jeter ma fille dans la Loire que de la donner à son cousin !

Cette réponse remplit Eugénie de tristesse et de souffrance, et elle rentre seule. Depuis la veille, elle sent de l'affection pour Charles. Pourquoi son père ne veut-il pas de ce mariage ?

Voyant que le notaire a le journal du jour à la main, Grandet lui demande de regarder les nouvelles.

– Mon Dieu ! dit le notaire en ouvrant le journal.

– Hé bien ! quoi ? s'écrie Grandet.

– Lisez !

« Monsieur Grandet, un riche marchand de vin de Paris, s'est tué hier parce qu'il était ruiné, etc. »

– Je le sais depuis hier, dit Grandet.

– Et son fils, si joyeux hier…

– Il ne sait rien encore, répond Grandet avec le même calme.

– Adieu, monsieur Grandet, dit Cruchot, qui comprend alors que Charles Grandet n'est pas venu pour épouser Eugénie et que, s'il n'a pas d'argent, il ne l'épousera jamais.

*E*N ENTRANT dans la salle, Grandet trouve le déjeuner prêt. Madame Grandet et sa fille, assises devant la cheminée, sont déjà en train de travailler.

– Vous pouvez manger, dit Nanon, votre neveu dort comme un enfant.

– Laisse-le dormir, dit Grandet. Il se réveillera toujours assez tôt pour apprendre les mauvaises nouvelles.

– Que se passe-t-il ? demande Eugénie.

– Son père s'est tué.

– Pauvre jeune homme ! s'écrie madame Grandet.

– Oui, pauvre, reprend Grandet, car il n'a pas un sou[1] !

Eugénie arrête de manger et se met à pleurer.

– Tu ne connaissais pas ton oncle, pourquoi pleures-tu ? lui demande son père.

Eugénie comprend à ce moment qu'elle doit dissimuler[2] ses sentiments et elle ne répond pas.

---

1. Ne pas avoir un sou : ne pas avoir d'argent.
2. Dissimuler : cacher.

– Je dois sortir ; vous ne lui parlerez de rien, j'espère, madame Grandet. Je serai de retour pour le second déjeuner et je parlerai alors avec mon neveu. Quant à toi, Eugénie, si c'est pour ce jeune homme que tu pleures, sèche tes larmes. Il partira bientôt pour les Indes et tu ne le verras plus…

– Ah ! maman, comme je souffre, s'écrie Eugénie, une fois seule avec sa mère.

Madame Grandet regarde sa fille avec tendresse et devine tout.

– Ma pauvre enfant ! lui dit-elle en prenant la tête d'Eugénie pour l'appuyer contre son cœur. Tu l'aimes déjà ? C'est mal.

– Mal, répond Eugénie, pourquoi ? Tiens, maman, mettons la table pour son déjeuner.

Puis elle appelle Nanon.

– Nanon, tu feras de la crème pour midi. Et puis, donne à mon cousin du café bien fort, j'ai entendu dire à monsieur des Grassins que le café se faisait bien fort à Paris.

– Si ton père s'aperçoit de quelque chose, dit madame Grandet, il est capable de nous battre.

– Eh bien ! il nous battra, nous recevrons ses coups à genoux.

Pour toute réponse, madame Grandet lève les yeux au ciel. Eugénie va chercher quelques grappes de raisin et des poires dans la cuisine et les apporte sur la table. Eugénie réussit à préparer un déjeuner très simple, peu coûteux[1], mais qui semble luxueux par rapport aux déjeuners habituels. En voyant la table placée près du feu, le fauteuil mis devant le couvert de son cousin, les deux assiettes de fruits, les œufs, la bouteille de vin blanc, le pain, le sucre…, Eugénie se met à trembler en pensant à ce que dira son père s'il revient avant le déjeuner de son cousin, et elle regarde souvent l'heure.

– Sois tranquille, Eugénie, lui dit sa mère, si ton père vient, je dirai que c'est moi qui ai tout préparé.

À onze heures, Charles descend enfin.

– Avez-vous passé une bonne nuit, ma chère tante ? Et vous, ma cousine ?

– Très bonne, monsieur, et vous ? demande madame Grandet.

– Moi aussi.

– Vous devez avoir faim, mon cousin, dit Eugénie ; mettez-vous à table.

Tout en parlant, Charles déjeune. Il a des gestes élégants qui impressionnent Eugénie.

– Voilà papa, dit soudain Eugénie en entendant frapper à la porte.

Monsieur Grandet entre, jette un coup d'œil sur la table, sur Charles, voit tout et comprend tout.

---

1. Peu coûteux : pas cher.

Monsieur Grandet entre et découvre la table.

– Ah ! ah ! vous avez fait la fête à votre neveu, c'est bien, très bien. Donne-moi mon verre, Nanon. Mon neveu, lorsque vous aurez fini, nous irons ensemble dans le jardin, j'ai à vous dire des choses peu agréables.

G RANDET fait plusieurs fois le tour du jardin, en silence. Il veut apprendre à son neveu la mort de son père mais il ne sait pas comment lui dire qu'il n'a plus de fortune.

– J'ai de mauvaises nouvelles à t'apprendre, mon garçon. Ton père est mort. Il s'est tué…

– Mon père ?…

– Oui. Tiens, lis le journal. Il t'a ruiné, tu n'as plus d'argent.

Charles se met à pleurer, laisse son oncle seul, et monte dans sa chambre en courant.

– Laissez-le tranquille, dit Grandet en entrant dans la salle. Ce jeune homme n'est bon à rien, il s'occupe plus des morts que de l'argent.

Le père Grandet regarde sa femme, Eugénie, le sucre… Il pense au déjeuner extraordinaire qu'elles ont préparé à son neveu.

– J'espère, madame Grandet, dit-il avec son calme habituel, que vous n'allez pas me ruiner. Je ne vous donne pas MON argent pour préparer de tels déjeuners à mon neveu.

– Ce n'est pas ma mère, dit Eugénie, c'est moi qui… Je pense que le fils de votre frère ne doit manquer de rien chez vous…

– Le fils de mon frère par-ci, mon neveu par-là. Charles n'est rien pour nous, il n'a pas un sou. Son père a fait faillite et quand ce jeune homme aura fini de pleurer, il partira d'ici.

– Eh bien ! mon père, vous n'avez pas pu empêcher ce malheur ?

– Mon frère ne m'a parlé de rien ; et puis, il doit quatre millions.

– Qu'est-ce que c'est que quatre millions, mon père ?

– Quatre millions ? dit Grandet, c'est quatre millions de pièces de vingt sous*, et il faut cinq pièces de vingt sous pour faire cinq francs*.

– Et que va devenir mon cousin Charles ?

– Il va partir pour les Indes et il essaiera de faire fortune.

– Mais a-t-il de l'argent pour aller si loin ?

– Je lui payerai son voyage... jusqu'à... oui, jusqu'à Nantes[1].

Eugénie saute au cou de son père en lui disant :

– Ah ! mon père, vous êtes bon ! Il faut beaucoup de temps pour gagner un million ?

– Tu sais ce que c'est qu'un napoléon*. Eh ! bien, il faut cinquante mille napoléons pour faire un million.

---

1. Nantes : ville française située au bord de la Loire et de l'océan Atlantique.

G RANDET part voir Cruchot, laissant seules Eugénie et sa mère. Depuis quelques heures, Eugénie ne sait plus que penser de son père et elle change à tout moment de sentiments et d'idées.

– Maman, combien de louis* gagne-t-on avec une pièce de vin ?

– Ton père les vend entre cent et cent cinquante francs, quelquefois deux cents.

– Mais alors papa doit être riche…

– Votre cousin est couché sur son lit et il pleure comme une Madeleine[1], dit Nanon en entrant dans la salle.

– Allons le consoler, maman ; et si quelqu'un frappe à la porte, nous descendrons rapidement.

Elles montent toutes les deux dans la chambre de Charles. La porte est ouverte et il pleure.

– Comme il aime son père ! dit Eugénie à voix basse.

– Fais attention, Eugénie, lui dit madame Grandet tout bas. Tu l'aimes ?

---

1. Pleurer comme une Madeleine : pleurer beaucoup.

– L'aimer ! répond Eugénie. Si tu savais ce que mon père a dit !

Charles se retourne et aperçoit sa tante et sa cousine.

– J'ai perdu mon père, dit-il en sanglotant[1].

– Nous prierons pour lui, dit madame Grandet.

– Mon cousin, dit Eugénie, ayez du courage. Pensez maintenant à sauver votre honneur.

– Mon honneur ? crie le jeune homme en s'asseyant sur le lit. Ah ! c'est vrai. Mon père a fait faillite. Laissez-moi, ma cousine. Mon Dieu ! pardonnez à mon père, il a dû bien souffrir.

Eugénie et sa mère descendent, s'assoient près de la fenêtre et travaillent sans dire un mot.

– Maman, dit Eugénie, après une heure de silence, nous porterons le deuil[2] de mon oncle.

– Ton père décidera de cela.

---

1. Sangloter : pleurer en faisant du bruit.
2. Porter le deuil : s'habiller en noir lorsque quelqu'un meurt.

VERS QUATRE HEURES de l'après-midi, le
père Grandet entre dans la salle, en se
frottant les mains. Il semble très content
et dit aussitôt à sa femme :

– Notre vin est vendu. Les Hollandais et les
Belges partaient ce matin. Les propriétaires de
Saumur gardent leur récolte et veulent attendre
pour vendre leur vin. Les Belges étaient déses-
pérés, je l'ai bien vu. Ils prennent notre récolte à
deux cents francs la pièce et je suis payé en or.
Et dans trois mois, le prix du vin baissera…

– Vous avez mille pièces cette année, n'est-ce
pas, mon père ? dit Eugénie.

– Oui, ma fille.

– Cela fait deux cent mille pièces de vingt sous.

– Oui, mademoiselle Grandet.

– Eh bien ! mon père, vous pouvez facilement
aider Charles.

– Ah ! mais depuis que ce jeune homme a mis
le pied dans MA maison, tout va mal. Vous faites
des festins[1]. Je ne veux pas de ces choses-là. Je

---

1. Festin : repas de fête.

ferai pour mon neveu ce que je dois faire. Et toi, Eugénie, ne me parle plus de mon neveu, c'est compris ? Où est donc ce garçon ? Est-il descendu ?

– Non, mon ami, répond madame Grandet.

– Que fait-il donc ?

– Il pleure son père, répond Eugénie.

– Il dit qu'il ne veut pas manger, ajoute Nanon. Ce n'est pas sain.

– Bah ! il ne pleurera pas toujours.

Après le repas, qui a lieu en silence, madame Grandet dit à son mari :

– Mon bon ami, nous allons prendre le deuil.

– En vérité, madame Grandet, vous ne savez pas quoi inventer pour dépenser de l'argent.

– Mais le deuil d'un frère est obligatoire et l'Église nous ordonne…

– Achetez votre deuil. Vous me donnerez un crêpe[1], cela me suffira.

Eugénie lève les yeux au ciel sans rien dire. Cette soirée, si semblable pourtant à toutes les soirées de sa vie monotone, lui semble horrible. Elle travaille sans lever la tête.

– Couchons-nous, dit soudain Grandet. J'irai dire bonsoir à mon neveu pour tout le monde et voir s'il veut manger quelque chose.

---

1. Crêpe : morceau de tissu noir que l'on porte sur une manche pour marquer le deuil.

*T*RÈS TÔT le matin, et croyant entendre son cousin pleurer, Eugénie se lève et entre dans sa chambre. Il dort, assis dans un fauteuil, tout habillé. Eugénie admire son beau visage marqué par la douleur, et elle se met à pleurer.

Charles ouvre les yeux.

– J'ai cru que vous aviez besoin de quelque chose, lui dit Eugénie. Vous devez vous coucher.

Et elle part en courant, à la fois honteuse et heureuse d'être venue.

– Quelle idée va-t-il avoir de moi ? Il croira que je l'aime…

Et c'est exactement ce qu'elle désire le plus lui faire croire. Pour cette jeune fille solitaire, être entrée ainsi dans la chambre d'un jeune homme est un événement incroyable.

Une heure plus tard, elle entre chez sa mère pour l'aider à l'habiller. Puis elles s'assoient à leur place devant la fenêtre et attendent Grandet. Il descend peu après, embrasse Eugénie, parle avec sa femme.

– Que devient mon neveu ?

– Il dort, monsieur, répond Nanon.

– Tant mieux ! Bon, je vais aller voir les Cruchot.

Grandet a une idée en tête. Il veut sauver l'honneur de son frère mort, mais sans dépenser d'argent. Il veut se montrer un excellent frère à bon marché. Et pour cela, il a besoin des Cruchot. Mais il ne veut pas aller les chercher et il a décidé de les inviter à dîner chez lui ce soir même et de se servir d'eux.

En l'absence de son père, Eugénie peut s'occuper de son cousin sans problème. Elle monte plusieurs fois pour voir s'il dort. À son réveil, elle prépare avec soin la crème, le café, les œufs, les fruits, les assiettes… Puis elle monte jusqu'à sa chambre.

– Mon cousin, nous vous apporterons le déjeuner dans votre chambre.

Elle descend dans la cuisine, légère comme un oiseau.

– Nanon, va faire sa chambre.

Lorsque la chambre de Charles est faite, Eugénie et sa mère montent lui tenir compagnie. Eugénie se met à ranger le linge et les objets de toilette de son cousin et elle admire les petits objets en or qu'il possède.

Charles est ému en voyant que sa cousine s'intéresse à lui. Il connaît assez la vie pour savoir que, maintenant qu'il est pauvre, il ne rencontrerait à Paris que des cœurs indifférents. Il admire le bon cœur d'Eugénie et la trouve même belle. Il lui prend la main et la baise.

Eugénie le regarde, émue.

Soudain, un coup frappé à la porte ramène les deux femmes à leur place. Elles descendent rapidement l'escalier et, lorsque Grandet entre, il les trouve en train de travailler près de la fenêtre.

– Prépare à dîner, Nanon ; ce soir j'invite les Cruchot, dit-il avant de repartir.

Vers quatre heures, Charles descend de sa chambre. Il est pâle et sa voix est pleine de tristesse. Eugénie sent qu'elle l'aime encore davantage ainsi. Le malheur l'a rapproché d'elle. Charles n'est plus un jeune homme riche et beau, mais un cousin pauvre et qui souffre. Charles s'assoit dans un coin, sans parler. De temps en temps, le regard doux et caressant de sa cousine l'oblige à quitter ses tristes pensées.

*L*ES DES GRASSINS, qui ont appris la mort violente et la faillite du père de Charles, décident d'aller le soir même chez Grandet pour lui donner des signes d'amitié, mais aussi pour essayer de savoir pourquoi Grandet a invité les Cruchot.

À cinq heures précises, le président Cruchot et son oncle le notaire arrivent. Ils se mettent à table et commencent à manger. Grandet est grave, Charles silencieux, Eugénie muette, et madame Grandet ne parle pas plus que d'habitude. À la fin du repas, Charles dit à sa tante et à son oncle :

– Permettez-moi de monter dans ma chambre. Je dois écrire plusieurs lettres.

– Faites, mon neveu, répond Grandet. Madame Grandet, dit-il en se tournant vers sa femme, il est sept heures, vous pouvez monter dans votre chambre car nous allons parler de choses que vous ne pourriez pas comprendre. Et vous, ma fille, je vous souhaite une bonne nuit.

– Monsieur Cruchot, dit Grandet au neveu,

vous disiez que, dans certains cas, on peut empêcher une faillite…

– Les tribunaux de commerce le font tous les jours. Quand un homme considérable et considéré, comme l'était votre frère, est menacé d'une faillite, le tribunal de commerce peut faire liquider[1] ses biens. En faisant faillite, un homme est déshonoré ; mais en liquidant, il reste un honnête homme.

– C'est bien différent, en effet, si cela ne coûte pas cher, dit Grandet.

– La famille peut liquider aussi sans passer par un tribunal. Voulez-vous liquider les affaires de votre frère ?

– Ah ! Grandet, s'écrie le notaire, ce serait bien. Si vous sauvez votre nom, car c'est votre nom, vous serez un homme…

– Sublime[2], dit le président.

– Mon frère se nomme Grandet, comme moi, c'est sûr. Et cette liquidation serait intéressante pour mon neveu, que j'aime. Mais il faut voir… Je ne connais pas Paris, je ne sais rien de toutes ces choses-là. Je suis à Saumur, moi, voyez-vous ! Et puis, je ne peux pas laisser mes affaires, abandonner ma maison…

---

1. Liquider : vendre à bas prix des marchandises pour obtenir de l'argent rapidement.
2. Sublime : extraordinaire.

– Je vous comprends, dit le notaire. Mais vous avez des amis ; si quelqu'un partait pour Paris et trouvait les personnes à qui votre frère devait de l'argent, et leur disait…

– Quelque chose comme « Monsieur Grandet de Saumur aime son frère, il aime son neveu et il a de bonnes intentions. Il a bien vendu sa récolte. Ne déclarez pas la faillite, vous aurez davantage d'argent si vous liquidez sans passer par un tribunal… »

– Exactement, dit le président.

– Mais je ne peux pas quitter Saumur, dit Grandet.

– Hé bien ! c'est moi qui vais aller à Paris. Vous payerez seulement le voyage. J'irai voir les personnes à qui votre frère devait de l'argent, je leur parlerai et tout s'arrangera…

À ce moment, un coup frappé à la porte annonce l'arrivée des Grassins.

– Grandet, dit monsieur des Grassins en lui tendant la main, nous avons appris le malheur qui est arrivé dans votre famille et la mort de votre frère.

– Le seul malheur est la mort de monsieur Guillaume Grandet, dit le notaire. Et, s'il avait demandé l'aide de son frère, il ne se serait pas tué. Notre vieil ami, qui a de l'honneur, veut liquider les dettes de son frère, et mon neveu va partir pour Paris pour s'occuper de cette affaire.

– Ah ! Je le savais bien, s'écrie le banquier. Cela est très bien, Grandet. Vous êtes sublime !

– Alors, être sublime coûte bien cher, répond Grandet.

– Mais c'est une affaire simplement commerciale. Écoutez, je dois aller à Paris pour mes affaires, et je pourrais m'occuper de…

– Nous verrons… répond Grandet à voix basse. Je ne veux pas prendre une décision maintenant… parce que, voyez-vous, monsieur le président me demande l'argent du voyage. J'aurais bien plus confiance en vous que dans le président, et puis, je veux placer de l'argent… pas beaucoup pour commencer…

– Je partirai demain, dit à voix haute des Grassins, en frappant sur l'épaule de Grandet.

Les Cruchot et les des Grassins rentrent chez eux. Le père Grandet ferme sa porte et monte dans sa chambre. Il ne fait pas de bruit car il ne veut pas réveiller sa femme ni sa fille. Eugénie, qui a cru entendre pleurer son cousin, sort de sa chambre et entend son père parler avec Nanon. Ils portent ensemble un barillet[1].

– Sainte Vierge ! monsieur, comme c'est lourd ! dit Nanon à voix basse.

– Ce ne sont pourtant que des gros sous, répond Grandet.

---

1. Barillet : petit tonneau.

– Oui, mais il y en a beaucoup !

– Veux-tu te taire, Nanon ! Tu diras à ma femme que je suis allé à la campagne. Je reviendrai pour dîner. Je dois être à Angers[1] avant neuf heures.

Grandet parti, personne dans le quartier ni dans la maison ne devine qu'il est parti ni pourquoi il est parti. Personne ne voit jamais un sou dans cette maison pleine d'or. Mais Grandet a appris le matin que l'or a doublé de prix et que des spéculateurs[2] sont arrivés à Angers pour en acheter. C'est pourquoi il a décidé d'aller vendre le sien sans rien dire à personne.

Grandet part vendre son or à Angers.

---

1. Angers : ville française située entre Saumur et Nantes.
2. Spéculateur : personne qui profite de différentes situations pour gagner de l'argent.

*M*ON PÈRE s'en va, dit Eugénie, qui, du haut de l'escalier a tout vu et tout entendu.

Dans le silence de la nuit, elle croit soudain entendre son cousin pleurer.

– Il souffre, se dit-elle.

La porte est ouverte et elle entre dans la chambre. Charles dort sur un vieux fauteuil.

Ses yeux tombent sur deux lettres ouvertes. Ces mots qui commencent l'une des lettres : « Ma chère Annette… », lui font battre le cœur.

– Il aime, il est aimé ! Il n'y a plus d'espoir… pense-t-elle. Que lui dit-il ?

La curiosité est plus forte que tout et elle lit la lettre :

« Ma chère Annette, rien ne devait nous séparer mais mon père s'est tué et sa fortune et la mienne sont entièrement perdues. Je viens de passer une partie de la nuit à faire des calculs. Si je veux quitter la France comme un honnête homme, je n'ai pas cent francs à moi pour aller chercher fortune aux Indes ou en Amérique. Je ne retournerai pas à Paris… »

Eugénie découvre deux lettres ouvertes.

– Pauvre Charles, j'ai bien fait de lire ! J'ai de l'or, je le lui donnerai, dit Eugénie.

Puis elle reprend sa lecture.

« *Depuis ce matin je regarde mon avenir. Il est plus horrible pour moi que pour tout autre car j'ai toujours été choyé[1] par mon père et ma mère. Et puis j'avais ton amour. Mais ce bonheur ne pouvait pas durer. Nous nous quittons donc aujourd'hui pour toujours.* »

– Il la quitte ! dit Eugénie en sautant de joie.

« *Garde dans ton cœur le souvenir de ces quatre années de bonheur... Moi je dois penser au mariage qui devient une nécessité dans ma nouvelle existence ; et je t'avoue que j'ai trouvé ici, à Saumur, chez mon oncle, une cousine qui te plairait et qui me semble...* »

– Il devait être bien fatigué car il n'a pas terminé de lui écrire, se dit Eugénie.

Elle regarde son cousin qui est endormi et elle se jure de l'aimer toujours. Puis elle commence à lire une autre lettre.

---

1. Choyé : soigné avec tendresse.

« *Mon cher Alphonse, au moment où tu liras cette lettre, je n'aurai plus d'amis ; mais je ne doute pas de ton amitié. Je te demande de t'occuper de vendre mes affaires. Tu dois maintenant savoir dans quelle situation je me trouve. Je n'ai plus rien et je veux partir pour les Indes. Je viens d'écrire à toutes les personnes auxquelles je dois de l'argent et je t'envoie leurs noms. Ma bibliothèque, mes meubles, mes voitures, mes chevaux, etc., suffiront, je crois, à payer mes dettes... »*

Eugénie laisse la lettre et part en courant dans sa chambre. Là, elle ouvre un vieux meuble, prend une bourse[1] et compte sa petite fortune. Elle met de côté vingt portugaises* encore neuves, cinq génovines*, cent ducats* de Hollande, des médailles en or et le double napoléon de quarante francs que lui a donné son père le jour de son anniversaire. Elle possède presque cinq mille huit cents francs.

Elle ne pense pas à la colère de son père si elle donne ce trésor à Charles. Elle ne pense qu'à son cousin et elle se rend compte qu'elle est riche.

---

1. Bourse : petit sac contenant des pièces de monnaie.

Lorsqu'elle entre à nouveau dans la chambre de son cousin, celui-ci est en train de se réveiller.

Eugénie s'avance vers lui et dit d'une voix émue :

– Mon cousin, je vous demande pardon parce que j'ai lu ces deux lettres. Mais je ne le regrette pas car elles m'ont fait connaître votre cœur, vos projets et votre besoin d'argent… Voici, dit-elle en ouvrant la bourse, l'argent d'une pauvre fille qui n'a besoin de rien. Acceptez cet argent, Charles. Il vous portera bonheur ; et un jour vous me le rendrez.

– Écoutez, ma chère cousine, j'ai là quelque chose qui vaut pour moi plus que tout l'or du monde. Ce coffret en or est un cadeau de ma mère et je vous demande de le garder pour moi.

À l'intérieur il y a deux portraits de sa mère, richement entourés de perles. Eugénie prend la boîte, émerveillée. Charles lui prend la main et l'embrasse doucement.

– Allons, Charles, couchez-vous, vous êtes fatigué. À demain.

*L*E LENDEMAIN MATIN, madame Grandet trouve sa fille en train de se promener avec Charles avant le déjeuner et elle se rend compte que les deux jeunes gens s'aiment.

– Mon père ne reviendra que pour le dîner, dit Eugénie en voyant que sa mère est inquiète.

Vers cinq heures, Grandet revient d'Angers, très content. Il a vendu son or et a gagné quatorze mille francs.

Des Grassins, qui va partir à Paris, vient prendre les ordres de Grandet.

– Monsieur Grandet, dit-il à Charles, je pars pour Paris. Je peux faire quelque chose pour vous ?

– Rien, monsieur, je vous remercie.

– Mon neveu, monsieur des Grassins va à Paris pour s'occuper des affaires de la maison Guillaume Grandet.

– Il y a donc un espoir possible ? demande Charles.

– Mais, s'écrie Grandet, n'êtes-vous pas mon neveu ? Votre honneur est le nôtre aussi car nous sommes tous des Grandet.

Charles se lève, embrasse son oncle et sort. Eugénie regarde son père avec admiration.

Le malheur unit madame Grandet, Eugénie et Charles. Grandet, tout content de voir bientôt partir son neveu, laisse Charles et Eugénie libres de faire ce qu'ils veulent.

Eugénie aime son cousin. En lui donnant ses pièces d'or, elle lui a donné aussi son cœur. Ils partagent un même secret et ils échangent souvent quelques mots dans la cour, assis sur un banc du jardin... De jour en jour, l'amour d'Eugénie pour son cousin grandit.

Un soir, Charles descend dans la salle, une poignée d'or dans la main.

– Qu'est-ce que tout cela ? demande Grandet.

– Monsieur, voici des boutons, des bagues et de petites choses qui peuvent avoir de la valeur... Je ne connais personne à Saumur mais peut-être que vous pourriez...

– Donnez-moi tout cela. Je vais voir ce que cela vaut.

– Ma cousine, dit Charles, je vous offre ces diamants pour faire un bracelet. Et pour vous, ma tante, voici le dé[1] en or de ma mère.

– Soir et matin, je prierai pour vous, mon neveu. Et si je meurs, Eugénie gardera ce dé.

---

1. Dé : petit objet de couture qui sert à protéger le doigt qui pousse l'aiguille.

– Ce que vous avez vaut neuf cent quatre-vingt-neuf francs, mon neveu. Pour vous éviter de le vendre, je vous donnerai moi-même l'argent… en livres*.

– Je vous remercie, mon oncle. Ma cousine et ma tante ont accepté un petit souvenir et je veux vous offrir ces boutons qui me sont maintenant bien inutiles.

– J'accepte tes boutons, mon garçon, dit-il en serrant la main de son neveu. Mais tu vas me permettre de te payer le voyage aux Indes. Je te donnerai quinze cents francs en livres.

Après le second déjeuner, Charles et Eugénie se retrouvent seuls sur le banc du jardin.

– J'ai eu raison de faire confiance à mon ami de Paris. Je ne dois plus rien et il m'a même acheté une pacotille composée de petits objets qui se vendent très bien aux Indes. Il l'a envoyée à Nantes où se trouve un navire qui part dans cinq jours. Eugénie, il va falloir nous dire adieu, pour toujours peut-être. Je ne sais pas dans combien d'années je reviendrai…

– Vous m'aimez ? dit Eugénie.

– Oh ! oui, bien, répond-il.

– J'attendrai, Charles, dit-elle.

Charles la prend par la main et Eugénie reçoit et donne le plus pur et le plus doux de tous les baisers.

Eugénie reçoit et donne le plus pur et le plus doux des baisers.

*L*A VEILLE du départ arrive. Eugénie place le coffret que lui a donné son cousin dans un tiroir de sa chambre ; elle le ferme avec une petite clef qu'elle garde sur son cœur. Depuis le baiser qu'elle a reçu de son cousin, les heures ont passé trop rapidement pour Eugénie et elle a souvent pleuré en se promenant seule dans le jardin.

Le matin du départ, le déjeuner est bien triste. À dix heures et demie, la famille accompagne Charles à la diligence[1] de Nantes.

– Ne pleure pas, Eugénie, lui dit sa mère.

– Mon neveu, dit Grandet en l'embrassant, revenez riche. Vous trouverez l'honneur de votre père sauf[2], je vous le promets.

Eugénie serre de toutes ses forces la main de son cousin.

Le lendemain du départ de Charles, la maison reprend son aspect normal pour tout le monde, sauf pour Eugénie qui la trouve maintenant bien

---

1. Diligence : voiture avec des chevaux qui servait à transporter les voyageurs.
2. Sauf : intact.

vide. Deux mois se passent. Soir et matin, Eugénie ouvre le coffret que lui a donné son cousin. Un matin, sa mère la surprend en train d'admirer le portrait de sa tante et elle apprend le terrible secret.

– Tu lui as tout donné ? dit la mère épouvantée[1]. Que va dire ton père, demain, au Jour de l'an, quand il voudra voir ton or ?

– Je ne regrette pas ce que j'ai fait, répond Eugénie.

Le lendemain matin, 1er janvier 1820, la mère et la fille tremblent de peur en souhaitant la bonne année à Grandet.

– Ah ! mon enfant, dit Grandet en embrassant sa fille, je veux ton bonheur et il faut de l'argent pour être heureux. Tiens, voilà un napoléon tout neuf.

Lorsque le déjeuner est terminé, Grandet demande à voir le trésor de sa fille.

– Allons, montre-moi ton or, ma fille.

Eugénie se lève, regarde son père et lui dit :

– Je n'ai plus mon or.

– Eugénie, qu'as-tu fait de tes pièces ?

– Mon père, si vous me faites des cadeaux dont je ne suis pas entièrement la maîtresse, reprenez-les, répond Eugénie en lui redonnant le napoléon qu'il vient de lui offrir.

---

1. Épouvantée : qui a très peur.

– Je ne te donnerai plus rien, dit Grandet. Où est ton or ?

– Mon père, j'ai vingt-deux ans et j'ai fait de mon or ce que j'ai voulu. Il est bien placé.

– Tu l'as donné à quelqu'un, n'est-ce pas ? Et sûrement à ton cousin. C'est ça ? Monte dans ta chambre. Nanon te portera du pain et de l'eau et tu n'en sortiras plus. Tu n'as plus de père !

Eugénie part en pleurant.

Eugénie, qu'as-tu fait de tes pièces ?

– Vous voulez me priver de ma fille, monsieur ? dit madame Grandet.

– Elle a sûrement donné son or à Charles. En venant ici, ce garçon ne voulait que notre argent.

– Je ne savais rien de tout cela, répond madame Grandet. Je souffre tant de votre violence. Je vais en mourir. Votre fille vous aime. Ne lui faites pas de mal. Eugénie est notre seule enfant et…

– Ce que j'ai dit est dit, vous le savez.

– En vérité, monsieur Grandet, si vous voulez me tuer, vous n'avez qu'à continuer ainsi, dit madame Grandet en montant dans sa chambre.

*A*LLUME le feu, Nanon, il viendra du monde ce soir. Et surtout ne dis pas un mot de tout ce qui vient de se passer ou je te mets à la porte.

Les Cruchot, madame des Grassins et son fils arrivent à huit heures. Ils s'étonnent de ne voir ni madame Grandet ni Eugénie.

– Madame Grandet ne va pas très bien et Eugénie est près d'elle, leur dit Grandet.

Madame des Grassins monte les voir et, lorsqu'elle redescend, elle semble inquiète.

– Il faut soigner madame Grandet, papa Grandet, elle ne va pas bien du tout.

Quand les Cruchot sont dans la rue, madame des Grassins leur dit :

– Il se passe quelque chose chez les Grandet. La mère va très mal, la fille a les yeux rouges comme quelqu'un qui a pleuré longtemps. Son père veut peut-être la marier contre sa volonté.

Madame Grandet ne quitte plus sa chambre et elle est bien mal. Grandet vient la voir plusieurs fois dans la journée, mais il ne prononce jamais le nom de sa fille.

Toute la ville sait que, depuis le premier jour de l'an, mademoiselle Grandet est enfermée dans sa chambre, sur l'ordre de son père, au pain et à l'eau, sans feu, et que la jeune fille ne peut voir et soigner sa mère que lorsque son père n'est pas à la maison.

L'amour aide Eugénie à supporter la colère de son père et sa situation. Elle regarde le jardin, le banc et pense au baiser que lui a donné son cousin. Elle se reproche seulement d'être la cause de la maladie de sa mère et elle souffre de la voir ainsi. Dès que son père sort, elle court chez sa mère et pleure avec elle.

– Où est mon cousin ? se demande-t-elle souvent. Pourquoi n'écrit-il pas ?

Un soir, madame Grandet, qui souffre plus de voir Eugénie enfermée que de sa maladie, dit toute la vérité aux Cruchot.

– Soyez tranquille, madame, lui dit le notaire. Je connais votre mari et je sais comment lui parler.

Le lendemain, le notaire vient trouver Grandet de bonne heure.

– Je viens vous parler de votre fille. Tout le monde parle d'elle et de vous. Votre femme est très malade et vous n'avez pas envie de la tuer. Pensez que si madame Grandet vient à mourir, votre fille est son héritière et elle peut vous demander la moitié de votre fortune… Je vous conseille donc de la traiter avec douceur.

– Mais, vous savez ce qu'elle a fait, Cruchot ? Elle a donné son or.

– Eh bien ! il était à elle. Si vous devez lui donner la moitié de votre fortune, cela va vous coûter très cher…

– Ah ! ma femme, je l'aime bien. Que puis-je faire, Cruchot ?

– Eugénie peut renoncer à cet héritage, mais pour cela, vous devez être bon avec elle. Mon bon ami, faites la paix avec elle.

Après le départ du notaire, Grandet monte chez sa femme et lui dit :

– Allons, tu peux passer la journée avec ta fille. C'est aujourd'hui l'anniversaire de notre mariage, ma femme. Tiens, voilà dix écus* pour toi.

– Eugénie, crie la mère en rougissant de joie, viens embrasser ton père, il te pardonne !

Mais Grandet est déjà parti.

*L*ORSQUE Grandet revient, à l'heure du dîner, il trouve sa femme et Eugénie en train d'admirer le coffret et le portrait de la mère de Charles.

– Mais c'est de l'or, du bon or, crie Grandet en prenant la boîte. Charles te l'a donnée contre tes pièces ? C'est cela ? C'est une bonne affaire, pourquoi ne me l'as-tu pas dit, ma fille ?

– Cette boîte n'est pas à moi, elle est à Charles et je dois la lui rendre, répond Eugénie.

– Allons, ma femme, dit soudain Grandet, tu auras tout ce que tu voudras, et Eugénie aussi, mais vis longtemps, ma femme. Le médecin viendra vous soigner.

Mais, malgré tous les soins du médecin, madame Grandet meurt.

Eugénie devient encore plus triste. Son père se montre très bon avec elle : il lui donne le bras pour descendre déjeuner, il la regarde presque avec tendresse pendant des heures… Et il invite bien vite le notaire à venir dîner avec eux.

– Ma chère enfant, dit Grandet à Eugénie, tu es l'héritière de ta mère et nous devons parler de tout cela avec le notaire, n'est-ce pas, Cruchot ?

– Mademoiselle, la fortune des Grandet vous appartient à vous et à votre père. Mais faire le partage devant la loi est très cher et votre père ne voudrait pas dépenser de l'argent pour…

– Je ne comprends rien à tout ce que vous me dites, répond Eugénie. Que dois-je faire ?

– Ma fille, si tu renonces à l'héritage de ta mère et si tu me fais confiance, cela ne coûtera rien. Je te donnerai tous les mois cent francs.

– Je ferai tout ce que vous voudrez, mon père.

*P*ENDANT les années suivantes, Grandet, qui se sent vieillir, apprend à Eugénie les secrets de la maison. Elle possède maintenant toutes les clefs, connaît toutes les propriétés de son père, reçoit elle-même l'argent des fermiers…

À la fin de l'année 1827, son père meurt et Eugénie se retrouve toute seule dans cette grande maison. Heureusement, la grande Nanon est là et elle est plus une amie qu'une servante.

Son vieil ami le notaire, qui sent que la riche héritière épousera son neveu le président si Charles Grandet ne revient pas, vient la voir tous les jours pour lui offrir son aide.

Mais Eugénie se sent bien seule. Son seul amour, qu'elle n'a vu que quelques jours, et à qui elle a donné son cœur entre deux baisers, est parti ; depuis elle n'a jamais rien su de lui. Ses trésors, ce ne sont pas les dix-sept millions qu'elle possède maintenant, mais le coffret que Charles lui a laissé.

– Où donc est mon cousin ? demande-t-elle souvent à Nanon. Il ne m'écrira donc pas une seule fois en sept ans ?

*C*HARLES a fait fortune aux Indes, en achetant et en vendant toutes sortes de marchandises, et aussi des hommes… Et peu à peu il a oublié sa cousine, le banc, le baiser. Eugénie n'est plus pour lui qu'une cousine à qui il doit six mille francs.

En 1827, Charles possède trois tonneaux de poudre d'or. Sur le bateau qui le ramène à Paris, il rencontre un gentilhomme, monsieur d'Aubrion. Monsieur et madame d'Aubrion n'ont pas de fortune mais ils ont une fille assez laide qu'ils veulent marier. Ils promettent à Charles, que, s'il se marie avec leur fille, ils obtiendront du roi une autorisation qui lui permettra de porter le nom d'Aubrion. Charles est plein d'ambition et il accepte.

Des Grassins, qui a appris son retour et son prochain mariage, vient le voir et lui demande de payer les dettes de son père.

– Les affaires de mon père ne sont pas les miennes, lui répond Charles.

Au commencement du mois d'août de cette année, Eugénie reçoit enfin une lettre de son cousin qui lui dit qu'il a fait fortune aux Indes et qu'il va se marier avec mademoiselle d'Aubrion pour obtenir un titre et une position à la cour du roi. Et il lui envoie l'argent qu'elle lui avait donné.

Eugénie est bien malheureuse en lisant cette lettre et elle pleure.

– Je vais dire adieu au monde et vivre pour Dieu seul, dit-elle un jour au curé.

– Vous avez de grandes obligations, Eugénie. Vous êtes la mère des pauvres de Saumur : vous leur donnez des vêtements et du bois en hiver. Vous enfermer dans un couvent serait égoïste. Vous devez conserver ce que Dieu vous a donné et vous marier.

– Monsieur le curé, est-ce que ce serait un péché d'être mariée sans avoir de relations avec mon mari ?

– Je ne peux pas vous répondre, Eugénie ; je vous laisse.

Tous les soirs, depuis que son père est mort, les Cruchot viennent la voir. Ce soir-là, à la fin de la soirée, Eugénie se tourne vers le neveu et lui dit :

– Restez, monsieur le président. Je sais ce qui vous plaît en moi. Si vous promettez de ne jamais me rappeler les droits que le mariage vous donne sur moi, je serai votre femme. Mais avant de posséder ma main et ma fortune, vous devez faire quelque chose. Partez pour Paris à l'instant même. Allez chez monsieur des Grassins et payez toutes les dettes de mon oncle. Puis vous irez voir mon cousin. Vous lui donnerez ce coffret et vous lui direz que son honneur est sauf.

Le président va trouver Charles, lui annonce son mariage avec Eugénie et lui dit qu'elle a payé toutes les dettes de son oncle.

– Mais, dit Charles, ma cousine est donc riche ?

– Elle avait près de dix-neuf millions il y a quatre jours... répond le président d'un air moqueur.

QUELQUES JOURS plus tard, Eugénie se marie avec le président mais son mari meurt peu après. Malgré les millions qu'elle possède, elle vit comme a toujours vécu la pauvre Eugénie Grandet. Elle n'allume le feu de sa chambre qu'aux jours où son père le lui permettait. Elle est toujours habillée comme l'était sa mère. La maison de Saumur, maison sans soleil, triste, est l'image de sa vie. Mais elle n'est pas avare, comme l'était son père, et elle distribue sa fortune aux pauvres en créant des écoles, des bibliothèques, des hôpitaux…

Telle est l'histoire de cette femme qui, faite pour être épouse et mère, n'a ni mari, ni enfants, ni famille…

L'argent au XIXᵉ siècle

Ducat de Hollande : pièce hollandaise. 100 ducats = 13 francs.

Écu : ancienne pièce d'argent. 1 écu = 3 francs.

Franc : unité de monnaie française depuis la Révolution. 1 franc = 20 sous.

Génovine : pièce d'or italienne qui valait presque 20 francs.

Livre : ancienne monnaie qui représentait à l'origine le poids d'une livre d'argent (500 g). 1 livre = 20 sous = 1 franc.

Louis : pièce d'or. 1 louis = 20 francs.

Napoléon : ancienne pièce d'or. 1 napoléon = 20 francs. 1 double napoléon = 40 francs.

Portugaise : pièce d'or du Portugal. 1 portugaise = à peu près 169 francs.

Sou : ancienne pièce de cuivre ou de bronze qui valait un vingtième d'une livre.

1. Qui est monsieur Grandet et comment est-il devenu riche ?

2. Pourquoi le jour de l'anniversaire d'Eugénie est un jour différent ?

3. Pourquoi les Cruchot et les des Grassins veulent-ils avoir des relations sociales avec les Grandet ?

4. Que se passe-t-il le soir de l'anniversaire d'Eugénie ?

5. Pourquoi l'arrivée de Charles Grandet ne plaît-elle pas aux Cruchot et aux des Grassins ?

6. Pourquoi Charles vient-il chez son oncle ?

7. Quels sont les changements qui se produisent dans la maison des Grandet, et en particulier chez Eugénie, après l'arrivée de Charles ?

8. Comment réagit Grandet pendant le séjour de Charles ?

9. Comment naît l'amour entre Eugénie et son cousin ? Comment se caractérise cet amour ?

10. Pourquoi Eugénie donne-t-elle son or à son cousin ?

11. Comment réagit Grandet lorsqu'il apprend que sa fille a donné tout son or à Charles ?

12. Quelle est l'importance de l'argent dans la vie de Grandet ?

13. Qu'est-ce qui caractérise la vie d'Eugénie après le départ de son cousin ?

14. Que fait le notaire pour convaincre Grandet de pardonner à sa fille ?

15. Est-ce que la vie d'Eugénie change beaucoup après la mort de ses parents ?

16. Que fait Charles dès qu'il rentre en France ? Est-ce qu'il aime encore Eugénie ?

17. Pourquoi Eugénie décide-t-elle de se marier ?

Édition : Martine Ollivier

Couverture : Michèle Rougé

Illustrations :
Couverture : Gravure de Gavarni, *Une audience* (1832),
Bibliothèque des Arts décoratifs, Paris. Photo : Dagli Orti.
Intérieur :
p. 3 : Archives Nathan/Bulloz.
p. 7 : © Roger-Viollet
p. 8 : © Lauros-Giraudon
p. 11 : © Lauros-Giraudon
p. 17 : Archives Nathan
p. 23 : Archives Nathan
p. 37 : © Roger-Viollet
p. 39 : © Lauros-Giraudon
p. 46 (détail) : © Lauros-Giraudon
p. 49 (détail) : © Roger-Viollet

Recherche iconographique : Gaëlle Mary
Coordination artistique : Catherine Tasseau